CAMISA DE FORÇA IDEOLÓGICA

André Lara Resende

CAMISA DE FORÇA IDEOLÓGICA

A crise da macroeconomia

PORTFOLIO
PENGUIN

Copyright © 2022 by André Lara Resende

A Portfolio-Penguin é uma divisão da Editora Schwarcz S.A.

PORTFOLIO and the pictorial representation of the javelin thrower are trademarks of Penguin Group (USA) Inc. and are used under license. PENGUIN is a trademark of Penguin Books Limited and is used under license.

Grafia atualizada segundo o Acordo Ortográfico da Língua Portuguesa de 1990, que entrou em vigor no Brasil em 2009.

CAPA Alceu Chiesorin Nunes
PREPARAÇÃO Fernanda Alvares
REVISÃO Clara Diament e Natália Mori Marques

Dados Internacionais de Catalogação na Publicação (CIP)
(Câmara Brasileira do Livro, SP, Brasil)

Resende, André Lara
   Camisa de força ideológica : A crise da macroeconomia / André Lara Resende. — 1ª ed. — São Paulo : Portfolio-Penguin, 2022.

ISBN 978-85-8285-234-7

1. Crise econômica 2. Economia 3. Macroeconomia 4. O Estado I. Título.

22-106983	CDD-330

Índice para catálogo sistemático:
1. Economia   330

Cibele Maria Dias — Bibliotecária — CRB-8/9427

[2022]
Todos os direitos desta edição reservados à
EDITORA SCHWARCZ S.A.
Rua Bandeira Paulista, 702, cj. 32
04532-002 — São Paulo — SP
Telefone (11) 3707-3500
www.portfolio-penguin.com.br
atendimentoaoleitor@portfoliopenguin.com.br

SUMÁRIO

Prefácio 7
Introdução 21

1. Representações e realidade 25
2. Valor e riqueza 31
3. A riqueza contábil e circunstancial 35
4. O Estado como o credor primeiro 39
5. O crédito e o equívoco do multiplicador bancário 47
6. O investimento e a poupança 53
7. A ortodoxia revista 57
8. A inflação financeira 63
9. A taxa de juros 67
10. O Banco Central determina a taxa de juros 71
11. O prazo da dívida é irrelevante 77

12. Os limites da taxa de juros e a sustentabilidade
    da dívida   83
13. Uma conjectura: a inflação e a taxa de juros   89
14. O crédito dispensa a poupança   95
15. A transmissibilidade da riqueza   99
16. Repensar a governança   105
17. Moeda fiduciária e responsabilidade fiscal   109
18. Liberalismo e democracia   115

Agradecimentos   123
Notas   125

PREFÁCIO

TODA GENERALIZAÇÃO É PERIGOSA, mas o Brasil sempre foi um país otimista. O brasileiro se percebe, e sobretudo é percebido, como alegre e — usemos o controverso adjetivo de Sérgio Buarque de Holanda — cordial. Faço parte da geração que veio depois do fim da Segunda Guerra Mundial, nasci no Rio de Janeiro ainda capital, no primeiro ano da segunda metade do século XX. Em criança, vivi o período de industrialização e rápido crescimento dos anos 1950. Tenho memória clara da crise política e econômica do início dos anos 1960, que desembocou na ditadura militar de 1964. Estudante de economia, acompanhei o "milagre" econômico, interrompido pelo primeiro choque do petróleo. As fragilidades e as fissuras do nacional-

-desenvolvimentismo, agora na sua versão ditatorial, vieram à tona e libertaram com toda a força os demônios inflacionários anestesiados desde as reformas modernizadoras do primeiro governo militar. Nas duas décadas seguintes, consideradas as décadas perdidas, a economia esteve sempre em crise, espremida entre o estrangulamento externo e a ameaça de perda definitiva do controle da inflação.

Como estudante de pós-graduação, primeiro na Fundação Getulio Vargas (FGV) do Rio, depois no Massachusetts Institute of Technology (MIT) em Boston, o tema da inflação, suas causas e o que fazer para controlá-la esteve no centro de minhas preocupações. Quando voltei ao Brasil, no início de 1979, com meus colegas do recém-criado programa de pós-graduação do departamento de economia da Pontifícia Universidade Católica do Rio, participamos intensamente das discussões sobre a inflação que paralisava a economia e fustigava a população. Estávamos na contramão da ortodoxia monetarista, liderada pela Escola de Pós-Graduação em Economia (EPGE/FGV). Pensávamos a realidade do país por conta própria, sem obrigação de nos pautar pela cartilha das universidades americanas. Foi então que desenvolvemos o conceito de *inércia da inflação*. Sustentamos que, numa economia institucionalmente indexada à inflação passada, como era o caso da brasileira, os remédios convencionais eram ineficazes. A inflação era insensível às tradicionais políticas de contração monetária. O resultado da tentativa de controlar a moeda e o crédito seria desprezível, mas altamente recessivo, com quebras generalizadas de empresas, ameaça de crise bancária e amplo desemprego. Uma vez revertida a tentativa de controlar a moeda e o crédito, a inflação voltaria ainda mais agressiva.

Participei intensamente das sucessivas tentativas de estabilização da inflação: como parte do governo, nos programas de estabilização do Cruzado e do Real, e como analista, consultor e debatedor em todos os demais. Diante do sucesso do Real, fiquei convencido de que a barreira que impedia a retomada do desenvolvimento havia sido superada. O país poderia e iria retomar sua trajetória de crescimento. Agora num ambiente democrático, finalmente daria atenção a seus problemas atávicos de pobreza, exclusão social, deficiências na educação e na saúde. Como se sabe, não foi o que ocorreu. O Brasil continuou estagnado, incapaz de escapar do pântano em que parece ter se atolado. Impossível não se perguntar o que aconteceu. O que o manteve assim, uma vez vencidos a inflação crônica e o garrote da dívida externa?

Enquanto os países asiáticos aceleraram seu desenvolvimento e alcançaram as economias mais avançadas em termos de renda, educação, tecnologia e competitividade internacional, o Brasil, incapaz de resolver seus velhos problemas, sob certos aspectos regrediu. Enquanto a agroindústria se modernizou e tornou-se competitiva, a indústria não acompanhou o avanço da tecnologia, perdeu produtividade e encolheu. O setor financeiro, desde os tempos da inflação crônica sofisticado, comparável aos mais avançados do mundo, continuou a crescer, a atrair talentos e a concentrar a riqueza. Os investimentos públicos colapsaram, a infraestrutura envelheceu e os avanços em pesquisa e desenvolvimento não conseguiram acompanhar o ritmo da revolução tecnológica em curso no mundo. A combinação de estagnação industrial, colapso do investimento público e hipertrofia financeira atraiu a grande maioria dos jovens com competência técnica, engenheiros, matemáticos, informáticos e economistas, para o setor financeiro. Os problemas da baixa produtividade da indústria, do atraso em pesquisa e desenvolvimento foram agravados. Também o setor público, a operação do Estado, as escolas e as universidades se viram incapazes de concorrer pelos talentos recém-formados. O serviço público perdeu qualidade, e o Estado se tornou ainda mais burocrático e ineficiente.

Depois de dar sinais de melhora na primeira década do século XXI, a distribuição de renda e riqueza voltou a se concentrar. A pandemia da covid-19 teve um efeito devastador sobre os mais pobres. A população de moradores de rua aumentou a olhos vistos, e a fome voltou a assombrar parte expressiva dos habitantes das grandes cidades. A tragédia da eleição de um presidente ignorante, despreparado e associado às milícias, que já dominam grande parte do Estado, ameaça mais uma vez a democracia no país. Sem uma visão alternativa, sem compreender por que atolamos de forma tão dramática, quando se imaginava que iríamos retomar o caminho do desenvolvimento e do bem-estar, corremos o risco de seguir o triste roteiro do meu estado do Rio de Janeiro em direção à falência institucional.

Nos dois anos que passei como professor visitante na Universidade de Columbia, em Nova York, implantando um projeto de pesquisa sobre a história da prática da política monetária no Brasil do pós-guerra, fui obrigado a rever todo o percurso da teoria monetária desde o século XVIII até nossos dias. A teoria monetária, desde seus primórdios, é um arcabouço conceitual que, sob a pretensão de neutralidade científica, sempre teve como objetivo restringir o poder estatal em expandir o crédito e criar poder aquisitivo. Há fortes e boas razões para impor limites ao Estado, sobretudo àquele que dispõe de sua moeda fiduciária, que, quando irrestrito, se torna efetivamente todo-poderoso. Mas a macroeconomia neoclássica, dominante entre analistas, homens de negócios e a grande maioria das pessoas públicas — principalmente depois da contrarrevolução que a partir dos anos 1980 reverteu o domínio das ideias de Keynes —,

PREFÁCIO

é um garrote ideológico. A exigência de equilíbrio anual das contas públicas, sem considerar as circunstâncias e sem dar tratamento distinto para os gastos correntes e os gastos de investimentos, paralisa a imprescindível atuação do Estado. Impede que este atue tanto em prol do interesse público como do bom funcionamento do setor privado. Desde o início dos anos 1980, com a chegada de Margaret Thatcher e Ronald Reagan ao poder, a vitória da visão do Estado como ônus, como um mal infelizmente necessário que deve ser asfixiado e reduzido ao mínimo possível, predominou no mundo ocidental.

Foi a crise financeira de 2008 que começou a reverter o domínio monolítico da visão de que toda a produtividade advém do setor privado, que o mercado não regulamentado seria capaz de garantir o melhor dos mundos e que o Estado precisa ser contido a todo custo. Com o advento do Quantitative Easing (QE), a teoria monetária foi obrigada a fazer uma revisão mais profunda e explícita do que recorrentemente fez desde seus primórdios. Mais recentemente, sobretudo nos últimos dez anos, o dogmatismo fiscalista e a ortodoxia monetária passaram a ser questionados. Primeiro, por economistas mais periféricos em relação aos centros do poder e do prestígio, depois por grande parte das organizações internacionais, como o Banco Mundial, o BID, o FMI e também alguns bancos centrais, como o Banco da Inglaterra e o Banco Central Europeu. Finalmente, nas últimas décadas, até os papas da ortodoxia nos Estados Unidos reconheceram a necessidade de revê-los. No Brasil, curiosamente ainda não. A grande maioria dos analistas insiste na tese de que o Estado é necessariamente um mal. Caso contrário, o populismo demagógico dos políticos levará inexoravelmente o país a uma debacle fiscal.

Apesar de pretenderem ter base científica e não ideológica, as ideias dos economistas sempre estiveram sujeitas a modismos. Com o ressurgimento de pressões inflacionárias no mundo depois da pandemia da covid-19, o debate sobre a melhor forma de controlar a inflação, algo sobre o qual os economistas não conseguem chegar a um consenso mínimo, ressurgiu com força. O controle de preços, hoje um tabu, foi uma política implementada com sucesso nos Estados Unidos do pós-guerra.

À época, assim como hoje, a desorganização da oferta criou gargalos e pressionou os preços. No início de 1946, numa carta dirigida ao editor de *The New York Times*, onze ex-presidentes da American Economic Association (AEA), entre eles luminares e eventualmente laureados com o Nobel, como Irving Fisher, Simon Kuznets e Paul Samuelson, defenderam a extensão do controle de preços do período de guerra para uma série de bens e serviços. Argumentavam que o objetivo era o controle da inflação que ameaçava acelerar com o fim do conflito.

Provavelmente para espanto dos jovens desinformados e horror dos mais ortodoxos, o controle de preços foi recorrentemente adotado nos Estados Unidos. Primeiro, durante as duas grandes guerras da primeira metade do século XX, depois durante a Guerra da Coreia e em seguida nos anos 1970, no governo Nixon. No Brasil, o Conselho Interministerial de Preços (CIP), criado em 1968, era o órgão responsável pelo controle de preços durante o período do milagre econômico do regime militar. Defendido por nomes de prestígio como Delfim Netto e Mário Henrique Simonsen, o CIP teve economistas da mais alta competência em seus quadros. Hoje, pelo menos até que os ventos virem, é inimaginável ouvir a defesa do controle de preços pelos expoentes da economia brasileira. Para deixar claro: considero o controle de preços um instrumento altamente questionável, que tende a ser manipulado por interesses corporativistas e políticos populistas, com graves efeitos perversos. Levado ao extremo — o congelamento, como ficou claro com a experiência do Cruzado —, o tiro sai pela culatra e a inflação volta com força redobrada. Trago aqui o tema apenas para lembrar que os ventos mudam e as ideias dos economistas também.

O país perdeu mais do que o otimismo e a cordialidade. Tornou-se amargo e polarizado. Uma radicalização impaciente que ameaça até mesmo as instituições e a democracia. As razões desse estado de coisas são múltiplas e de toda ordem, mas a estagnação da economia, associada ao agravamento da desigualdade, é certamente a mais importante delas. Como argumento neste ensaio, sem nos livrarmos da camisa de força ideológica da macroeconomia dominante, não há como repensar um projeto de retomada do crescimento. Sem um Estado competente e responsável não há como pensar em desenvolvimento, agora com a obrigação de ser socialmente inclusivo e ambientalmente sustentável.

Camisa de força ideológica

INTRODUÇÃO

A TEORIA ECONÔMICA que hoje pauta grande parte de nosso entendimento do mundo é tida como o embasamento, se não científico, técnico, das políticas públicas. Embora existam muitas correntes de teoria econômica, a dita mainstream, predominantemente ensinada nos cursos de economia, de forma mais ou menos sofisticada, serve de substrato para analistas e comentaristas da vida pública. Nesse apogeu de seu prestígio, no entanto, uma parte expressiva da teoria econômica convencional se tornou disfuncional.

Os economistas, embora pretendam contar com um sólido arcabouço teórico e sustentação empírica, que lhes daria legitimidade para determinar políticas públicas, são mais um grupo de contadores de histórias. Como tantos outros, criam-nas para dar sentido a uma realidade caótica. A economia política, conforme concebida pelos clássicos David Hume, Adam Smith, John Stuart Mill e seus contemporâneos dos séculos XVIII e XIX, pode ser entendida como um conjunto organizado de ideias cujo propósito é tornar inteligíveis fenômenos aparentemente desordenados e desconectados. Embora não seja ciência no sentido dado na modernidade ao conhecimento dos fenômenos naturais, como a física e a biologia, é um conjunto de ideias a respeito da atividade humana. Porque pretende organizar a atividade humana, a teoria econômica é inevitavelmente ideológica. Suas histórias procuram ordenar a sociedade segundo valores e interesses não explícitos.

A ordenação da realidade pela teoria econômica, especialmente em relação às questões monetárias, esteve sempre associada à necessidade de impor limites ao poder do Estado e de seus ocupantes. Com os clássicos, a partir do século XVII, o discurso dos economistas procurava restringir o poder da aristocracia e valorizar a burguesia nascente. Desde o início do século XX, mimetizando cada vez mais o método e a linguagem matemática das ciências naturais, a macroeconomia continuou a cumprir o papel de restringir o poder do Estado e de seus ocupantes. Nas sociedades contemporâneas, a teoria monetária hegemônica é um arcabouço conceitual cujo objetivo é restringir e direcionar o poder estatal, agora em benefício do capitalismo financeiro. O capitalismo sempre foi *financeiro* — adoto aqui o termo para denotar o capitalismo contemporâneo, sobretudo a partir do último quarto do século XX, quando os ativos e os passivos financeiros cresceram desproporcionalmente em relação à renda.

Assim como a burguesia nascida com a Revolução Industrial promoveu o avanço da produtividade e das possibilidades materiais, mas também uma enorme concentração de riqueza, o capitalismo financeiro, associado à revolução informática, está à frente de uma nova era de igualmente extraordinários ganhos de produtividade e concentração de riqueza. Neste início de século XXI, as contradições de uma relação incestuosa entre uma tecnocracia a serviço do capitalismo financeiro e os ocupantes do Estado, políticos eleitos e servidores públicos atingiram um ponto de ruptura que ameaça a viabilidade das democracias representativas das economias capitalistas contemporâneas. É imperativo encontrar uma forma de governança que impeça o mau uso pelo Estado do seu papel de credor primário, da sua faculdade de criar crédito sem lastro, mas que ao mesmo tempo não o impeça de investir no aumento da produtividade e do bem-estar.

1
Representações e realidade

A TEORIA MACROECONÔMICA convencional está em crise. A reconstrução de seu arcabouço conceitual deve partir da revisão do conceito de moeda. A moeda não é um ativo de valor intrínseco, mas sim a unidade de crédito contra o Estado, que é adotada como unidade de conta na economia. A obsessão pela materialidade da moeda, pela insistência na tese de que a moeda é uma mercadoria, algo que tem valor intrínseco, mas de aceitação universal, é fonte de infindáveis controvérsias há mais de quatro séculos. Controvérsias não apenas teóricas, mas também jurídicas.[1] Ainda hoje, quando em toda parte a moeda não tem lastro metálico, é estritamente fiduciária, ou seja, um crédito sem lastro contra o Estado que é aceito para o pagamento de obrigações tributárias, a teoria hegemônica continua a insistir na tese de que existe um "estoque" de moeda. Na era digital, quando a moeda prescinde de representação física, a dificuldade para aceitar que ela é um crédito puro contra o Estado continua a dar margem a graves equívocos na formulação de políticas públicas. A mesma insistência na materialidade da moeda reaparece em relação a outros conceitos fundamentais, como os de capital e de trabalho, os quais, apesar de na condição de agregados de coisas distintas e inagregáveis estarem sujeitos a ambiguidades e contradições insolúveis, são tratados pela teoria como se fossem perfeitamente definidos e observáveis. O papel-moeda, ainda hoje, assim como a moeda metálica, no passado, são representações da moeda que poderiam induzir ao equívoco de confundir o conceito com sua representação material. O que é observável são valores contábeis, ou financeiros, do que se convenciona definir como moeda, capital e trabalho.

A transição dos valores financeiros para os conceitos de moeda, capital e trabalho está carregada de contradições e impossibilidades lógicas. Como somar ferramentas, máquinas, fábricas e agregá-las num único conceito denominado capital? Como somar pessoas, com competências e funções de todo diversas, num único conceito chamado trabalho? Diante da impossibilidade de agregar coisas tão diferentes, a tentativa de explicar o produto da atividade humana como resultado de uma combinação desses fatores, capital e trabalho, numa função de produção, a partir da qual seria possível separar a contribuição de cada um deles, deveria ser considerada uma empreitada sem sentido. Esse é, no entanto, o fundamento da teoria econômica neoclássica. É o que pretende justificar a distribuição da renda entre lucros e salários, a remuneração do capital e do trabalho, a partir de suas respectivas contribuições para o produzido. Na segunda metade do século XX, depois de acirrado debate sobre o tema, conhecido como a Controvérsia das Duas Cambridge, ficou clara a impossibilidade lógica de deduzir que o lucro e os salários correspondessem às contribuições do capital e do trabalho. No entanto, a teoria neoclássica, hegemônica nas escolas de economia, indiferente à impossibilidade de somar alhos com bugalhos, continua a se referir ao capital e ao trabalho como se fossem conceitos perfeitamente definidos.

A solução para superar a impossibilidade de agregar coisas distintas foi apelar para uma dualidade recorrente na teoria: o real e o nominal. A distinção ontológica da filosofia clássica entre a Coisa e sua Ideia ou Representação foi retomada pela teoria econômica. O mundo real é a esfera do material, da produção e do consumo; o mundo nominal é seu espelho, sua representação, na esfera dos preços, do dinheiro e dos valores monetários. São os valores monetários do capital e do trabalho que podem ser observados, dado que capital e trabalho são agregados conceituais de coisas inagregáveis, que só podem ser expressos como valores monetários, ou seja, na esfera do nominal. A teoria econômica faz então uma suposição, aparentemente inócua, que lhe permite trabalhar com conceitos inobserváveis. Assume que o capital real agregado pode ser expresso como seu valor nominal "deflacionado", isto é, seu valor monetário dividido por um índice de preços. Como o conceito de capital real é inobservável, assume-se que seu valor nominal deflacionado, a soma dos valores monetários de diferentes bens de capital dividido por um índice de preços, corresponde efetivamente ao conceito de capital real agregado. Assume-se que o nominal é o espelho da realidade, que o valor monetário de algo, dividido por um índice arbitrário de preços, é a própria coisa. Trata-se de um processo de reificação o ato de transformar algo abstrato, a representação, um conceito, numa coisa real e supostamente observável. É evidente que só valores monetários, ou contábeis, do capital e do trabalho existem de fato, e são resultado da estrutura política e institucional da sociedade. Para Schumpeter, se os economistas tivessem tido o bom senso de se ater aos valores contábeis dos conceitos, em vez de tentar lhes dar um sentido mais profundo, teriam evitado "muita confusão, controvérsias fúteis e definitivamente tolas".[2] O esforço para equiparar os valores monetários aos conceitos de capital e trabalho, como se fossem algo real, é uma tentativa de justificar a repartição do produzido entre lucros e salários, dado que, segundo a Função de Produção neoclássica, a divisão da renda entre lucros e salários é proporcional à contribuição dos fatores, e, assim sendo, justa e meritocrática. É sobretudo um esforço para negar que todo valor monetário é uma convenção contábil, que corresponde à estrutura política e institucional da sociedade.

2
Valor e riqueza

O QUE É RIQUEZA? A definição usual é a adotada por Thomas Piketty, no seu *O capital no século XXI*:[3] a soma dos valores de todos os bens de uma pessoa, menos o valor de suas dívidas. Seria, assim, o valor residual, em dinheiro, da liquidação de seus ativos e de seus passivos. Trata-se de um valor incerto, que depende do tempo para realização, dado que a venda apressada de bens ilíquidos pode acarretar grandes deságios em relação a seus valores efetivos. Ainda que se desconsidere a incerteza em relação à realização do valor monetário da riqueza e a necessidade de usar uma taxa de desconto para calcular o valor presente de direitos e obrigações, fato é que, mais uma vez, se trata de um valor contábil. O valor monetário dos ativos menos os passivos de determinada pessoa, ou seja, do patrimônio líquido, calculado sob certas hipóteses, pode efetivamente ser observado e medido. É uma boa aproximação para comparação da riqueza de duas pessoas que vivem na mesma época e no mesmo país, mas certamente não pode ser utilizada para comparar riquezas em épocas diferentes, em sociedades e circunstâncias diversas. Voltamos ao problema de agregar coisas distintas. Temos, obrigatoriamente, de atribuir valores monetários a cada uma delas, para então compará-las; mas, ao atribuir valores, introduzimos um inevitável elemento de subjetividade. Para que a comparação de valores monetários, isto é, contábeis, faça sentido, é preciso que compartilhem os mesmos critérios de escrituração contábil, o que torna impossível a comparação entre sociedades distintas de diferentes épocas. Luís XIV não tinha água encanada nem luz elétrica, muito menos acesso à internet. Dependendo do valor atribuído a tais comodidades, podemos nos considerar mais ricos do que os reis do Século das Luzes. Como observou Alexis de Tocqueville, esses reis viviam no luxo, mas sem o que hoje seria considerado um indispensável nível de conforto. Nem por isso se pode questionar que eram extraordinariamente ricos. A riqueza estaria, assim, mais associada ao poder do que ao consumo e ao conforto de seu detentor.

Adam Smith propôs que se definisse riqueza como a capacidade de trabalho que se pode arregimentar e controlar. Assim posto, fica claro que a riqueza é poder e tem um caráter circunstancial, depende do seu contexto histórico e social, pois é função da remuneração média e da qualificação do trabalho arregimentável, que por sua vez é função da estrutura política e institucional da sociedade. Quando a maioria da população vivia com uma renda de subsistência, fazia mais sentido avaliar a riqueza através da quantidade de trabalhadores passíveis de serem contratados. Mas como comparar trabalhadores de qualificações distintas, em países diversos, com custos de vida diferentes e moedas distintas? O que é passível de ser observado são valores contábeis, mas como transitar de valores monetários para os conceitos de riqueza, capital e trabalho? É preciso supor que os preços, que compõem os valores monetários daquilo que se pretende indiretamente observar, correspondam de fato ao valor de cada elemento do conceito inobservável. Se os preços dos meus bens são a medida correta do valor de meus bens, ao somá-los, chego de fato ao valor da minha riqueza. Mas é preciso explicar como os preços são determinados e por que refletem efetivamente o valor das coisas.

Duas teses alternativas sobre o valor dos bens têm tradição na história da teoria econômica. A primeira, a teoria do valor trabalho, adotada por grande parte dos autores clássicos, Marx entre eles, sustenta que o valor é determinado pelo trabalho envolvido na sua produção. A segunda, o utilitarismo adotado pela teoria neoclássica, sustenta que o valor de um bem é subjetivo, determinado pela utilidade de seu desfrute. São ambas teorias insatisfatórias e logicamente inconsistentes. Só podem ser justificadas com base num raciocínio circular, de que os preços refletem o trabalho envolvido na sua produção, ou a preferência revelada dos consumidores.

3
A riqueza contábil e circunstancial

AS SOCIEDADES PRIMITIVAS, baseadas na caça e na coleta, eram essencialmente cooperativas, e a hierarquia social, quase inexistente. Longe de serem idílicas, como muitas vezes foram caricaturadas, essas sociedades viviam literalmente da mão para a boca. Foi a introdução da agricultura, o uso da terra para domesticar animais e plantas, que permitiu que a produção superasse o consumo, que pudesse haver um excedente a ser guardado, ou poupado, para tempos menos favoráveis.[4] Nas primeiras sociedades sedentárias em que havia uma autoridade central, quase sempre um templo religioso, o excedente da produção era armazenado pela autoridade, que detinha o poder de cobrar impostos e de realocá-lo. Daí a contabilidade de direitos sobre o excedente que dá origem à moeda. A moeda é o registro de direitos na autoridade central que é aceito para quitar obrigações tributárias. A moeda metálica, assim como tantas outras formas de moeda ao longo da história, é apenas a representação desse direito de crédito junto à autoridade central. Com ou sem valor intrínseco, a moeda física surge com o trabalho assalariado. Os primeiros assalariados, provavelmente guerreiros contratados a soldo, surgem com os estados e seus exércitos. Sendo um crédito contra o poder central, sua representação, a moeda física, tinha aceitação garantida na sociedade.

A combinação da existência de excedente da produção com a circulação de representação metálica de créditos contra o Estado viabiliza então o aprofundamento da divisão do trabalho, da especialização, e leva ao florescimento do comércio. É o poder central, o Estado, que detém o poder de requisitar, através de tributos, o excedente da produção, e que controla o registro contábil dos haveres e deveres da sociedade, que tem seu crédito universalmente aceito como unidade de conta. Viabiliza assim o comércio interno e a divisão do trabalho. O crédito contábil contra o Estado, na sua forma de representação metálica, por ter valor intrínseco, utilizado originalmente para pagar o soldo, passou a ser o meio de troca aceito também fora da comunidade, no comércio entre diferentes sociedades. Como toda contabilidade é uma convenção, necessariamente arbitrária, o registro contábil dos haveres e deveres, da riqueza da sociedade, nas mãos do Estado, corre sempre o risco de favorecer alguns e desfavorecer outros. O controle do sistema de contabilidade da sociedade é um poder extraordinário. Um poder menos oneroso e mais eficaz do que o exercido pela força das armas e do despotismo.

É o fato de ser simultaneamente o administrador da contabilidade, o custodiante e o liquidante dos haveres e deveres da economia que dá ao Estado a condição excepcional de credor primário. É o que permite ao estado do capitalismo financeiro moderno ser o credor de última instância, aquele que pode redescontar créditos de todos os demais agentes, inclusive os do setor financeiro em momentos de crise. Só o Estado é capaz de criar poder aquisitivo sem poupança prévia. No mundo contemporâneo, só ele e seus concessionários, os bancos com acesso ao banco central, podem criar poder aquisitivo não lastreado em algum ativo existente.

4
O Estado como o credor primeiro

A CAPACIDADE DO ESTADO de expandir o poder aquisitivo através do crédito, ou seja, da expansão do seu passivo, é efetivamente um poderoso instrumento, mas não opera milagres. É preciso entender suas possibilidades e seus limites. O Estado só pode criar poder aquisitivo, sem pôr em risco o sistema de contabilidade da sociedade, quando há recursos passíveis de serem mobilizados para o aumento da produção de bens e serviços. Tais recursos podem advir tanto da capacidade instalada, mas ociosa por insuficiência de demanda, quanto da capacidade potencial — mão de obra, equipamentos, tecnologia científica e organizacional —, incapaz de ser mobilizada por falta de crédito. O primeiro caso, o da capacidade instalada ociosa, em que o Estado pode atuar de forma anticíclica, criando poder de compra para estimular a economia, é o analisado por Keynes. O segundo caso, o da capacidade potencial não efetivada, no qual o Estado deve atuar como credor, mobilizador e viabilizador das potencialidades do crescimento de longo prazo, é o analisado por Joseph Schumpeter e Hyman Minsky.

Toda a produtividade, a capacidade de produzir bens e serviços, advém da sociedade, da ação conjunta do setor privado e do Estado. A expansão do crédito pelo Estado, como todo crédito, por si só nada cria, mas viabiliza a materialização da produtividade da sociedade. A moeda e o crédito são o fermento, mas se não houver massa, capacidade de produzir, não haverá bolo a ser repartido. Sem investimento e aumento da capacidade de produzir, a expansão do crédito se transforma numa pressão sobre os preços de bens e serviços, ou na hipertrofia de ativos e passivos. No primeiro caso, tem-se a inflação convencional; no segundo, a inflação financeira. A inflação financeira pode dar a impressão de que corresponde ao enriquecimento efetivo, pois há um aumento dos direitos financeiros; mas, uma vez que não existe um aumento da capacidade de produção correspondente, não passa de mera ilusão monetária. Porque o acúmulo de direitos financeiros está concentrado nos que não têm necessidades imediatas de consumo não atendidas, a inflação financeira não pressiona a capacidade produtiva, nem corre o risco de provocar inflação de bens e serviços. Levada ao paroxismo, no entanto, provoca o descolamento dos direitos financeiros da capacidade de produção. Termina por desmoralizar e abalar o sistema de contabilidade da sociedade. Em estágios avançados, pode levar ao descrédito do Estado, à desmoralização institucional e à hiperinflação.

O fato de o crédito não fazer milagres, de estar sujeito aos limites da disponibilidade de recursos reais, não elimina o poder do Estado como credor primordial na economia. Ao longo da história, em toda parte, sempre existiram mecanismos criados para limitar o abuso dessa poderosíssima faculdade. Durante séculos, a exigência de lastro metálico para a cunhagem de moedas foi uma forma de restringir a criação de poder aquisitivo ao bel-prazer do poder central. Ao obrigar o Estado emissor a acumular ouro e prata para gastar, restringia-se sua faculdade de criar poder aquisitivo de forma discricionária, mas também a produção e o comércio, travados pela iliquidez e pela falta de crédito. A solução do padrão-ouro, ao combinar a moeda metálica do poder central com o crédito bancário livre da exigência de lastro, manteve a restrição sobre a emissão primária e a faculdade do Estado de criar poder aquisitivo, mas deixou irrestrita a expansão do crédito bancário. Estava resolvida a tensão entre a necessidade de restringir o abuso do poder do Estado e a iliquidez crônica das economias medievais.[5]

A partir do final do século XVIII, a disparidade entre a expansão do crédito bancário privado e da moeda lastreada do Estado provocou corridas bancárias e obrigou a sucessivas suspensões da conversibilidade da moeda em seu lastro metálico. No início do século XX, com o enorme aumento do endividamento público das economias envolvidas na Primeira Guerra, tornou-se impossível sustentar o padrão-ouro. Na conferência de Bretton Woods, depois da Segunda Guerra, o lastro metálico foi definitivamente abandonado e a moeda se tornou integralmente fiduciária. Foi preciso então encontrar uma nova forma de tentar restringir a criação indiscriminada de poder aquisitivo pelo Estado. A Teoria Quantitativa da Moeda, ao sustentar que toda emissão superior à expansão da renda real provocaria inflação, cumpriu esse papel durante toda a segunda metade do século XX. Depois de mais de cinco décadas de reinado absoluto, a Teoria Quantitativa foi aposentada em silêncio. Ainda nos anos 1990, foi logicamente questionada pela constatação de que os bancos centrais são incapazes de controlar a oferta de moeda, sem perder o controle da taxa básica de juros. Em seguida, com a grande crise financeira de 2008, foi refutada de forma flagrante pelo experimento do Quantitative Easing. Para salvar o sistema financeiro mundial, os bancos centrais das economias avançadas multiplicaram seus passivos mais de dez vezes, sem que se observasse qualquer sinal de inflação. Não foi mais possível sustentar que a demanda agregada responde à emissão de moeda, o passivo do Banco Central, mas não à expansão de dívida pública, o passivo do Tesouro.

Com as taxas básicas de juros próximas de zero e a altíssima liquidez dos mercados de dívida, deveria ter ficado evidente que moeda é dívida. É uma perpetuidade que não paga juros, mas de toda forma é dívida pública. Refutada a relação entre inflação e expansão monetária, a restrição à criação de poder aquisitivo pelo Estado transmutou-se numa restrição à expansão do passivo total, monetário e não monetário, do Estado. A sustentação teórica era baseada na nova Teoria Fiscal do Nível de Preços, uma formulação matematicamente pesada, que em última instância substitui a moeda pela totalidade do passivo estatal, como âncora dos preços.[6] A adoção de um limite superior para a relação dívida/Produto Interno Bruto, a partir do qual a economia se desorganizaria, foi a forma de dar expressão prática à nova restrição conceitual sobre a faculdade do Estado de dar crédito e de expandir o poder aquisitivo na economia. A tentativa de substituir o limite da Teoria Quantitativa por um teto na relação dívida/PIB não sobreviveu à ainda mais agressiva expansão de moeda e dívida durante a pandemia de 2020. Com inúmeros países superando o limite superior de 90% a partir do qual, segundo o trabalho de Carmen Reinhart e Kenneth Rogoff,[7] a economia se desorganizaria, ficou impossível sustentar um limite superior intransponível para a relação dívida/PIB. Neste início de século XXI, depois da crise financeira de 2008 e da pandemia de 2020, não há mais como invocar a teoria econômica para, em nome de um conhecimento científico, impor um limite à faculdade do Estado de dar crédito e criar poder aquisitivo. Tal limite é necessariamente um limite político, expresso na legislação e no desenho institucional, que deve ao mesmo tempo impedir o abuso, tanto pelo Estado como pelo sistema bancário, mas não restringir o bom uso de tão poderoso instrumento.

5
O crédito e o equívoco do multiplicador bancário

NO CURSO BÁSICO DE ECONOMIA, aprende-se que o sistema bancário pode conceder empréstimos acima dos depósitos que recebe do público, porque a probabilidade de que venham a ser simultaneamente resgatados é baixa. É a faculdade de manter reservas fracionárias, ou seja, inferiores ao total dos depósitos, que dá origem ao multiplicador bancário. O sistema expande o crédito além dos depósitos do público, e uma fração dessa expansão retorna como novos depósitos, o que permite nova concessão de crédito. O mecanismo não é ilimitado; seu teto é estabelecido por uma progressão geométrica cuja razão é função inversa da taxa de vazamento do sistema, ou seja, de créditos concedidos que não retornam como depósitos. Cria-se assim a ilusão de que o crédito bancário expande a moeda a partir de depósitos do público, e não da faculdade de ter acesso ao crédito do Banco Central.

Na realidade, os bancos não dependem de depósitos do público para conceder empréstimos, pois se refinanciam, direta ou indiretamente, através do interbancário, com o Banco Central. Ao contrário do que sustenta a teoria do multiplicador bancário, os bancos concedem crédito quando avaliam que o risco e o retorno são atrativos, independentemente da evolução dos depósitos do público. O multiplicador bancário inverte a ordem da causação. Não é a expansão dos depósitos que leva os bancos a conceder crédito, mas sim a decisão de conceder crédito que expande a moeda. A expansão da moeda então retorna, parcialmente, como depósitos. O equívoco decorre da confusão entre a lógica do fluxo de caixa, na qual se baseia o multiplicador bancário dos livros-texto, e a lógica contábil, que permite aos bancos conceder crédito sempre que considerarem o tomador um bom risco, não importando sua posição de caixa. Porque têm acesso automático ao crédito do Banco Central, sempre obrigado a cobrir a insuficiência, assim como a tomar o excesso de reservas, para não perder o controle da taxa básica de juros, seu principal instrumento de política, os bancos não dependem de depósitos do público para expandir seus ativos.

São os limites legais de alavancagem que restringem a concessão de crédito pelos bancos, não a insuficiência de fundos. O acesso ao Banco Central, o qual é obrigado, para não perder o controle da taxa básica de juros, a fornecer de forma passiva os fundos demandados pelo sistema, torna os bancos concessionários do Estado na emissão de crédito e na criação de poder aquisitivo. Individualmente, um banco pode perder a confiança dos seus pares, do público, e ter problema de liquidez, mas o sistema bancário como um todo não corre esse risco, pois será sempre refinanciado pelo Banco Central. Para não perder o controle sobre a taxa básica, este é obrigado a fornecer a liquidez requerida pelo sistema. O fato de que o sistema bancário, como concessionário do Estado, independe de depósitos do público para dar crédito é fundamental para compreender grande parte dos equívocos da macroeconomia convencional. Por não considerar a possibilidade de que se possa criar poder aquisitivo, independentemente da existência de poupança prévia, ou seja, da existência de renda não consumida, a macroeconomia convencional não é capaz de compreender o papel do Estado e do sistema bancário na criação do crédito puro. Por crédito puro, entenda-se a concessão de crédito puramente fiduciário, não lastreado em ativos de valor intrínseco, nem na renda não consumida, isto é, poupada. Toda a macroeconomia neoclássica pressupõe que não existe a possibilidade de criar crédito sem lastro. Para a macroeconomia convencional, a concessão de crédito se resume ao ato de transferir de quem teve renda não consumida, ou seja, de quem poupou, para quem deseja consumir ou investir mais daquilo de que dispõe. A disponibilidade de poupança, de renda não consumida, armazenada em moeda, depósitos financeiros ou ativos reais, seria condição para a possibilidade de conceder crédito. O sistema bancário é entendido como mero intermediário dos que têm poupança para os que querem investir, dos que tiveram mais renda do que despesas, para os que pretendem despender mais do que a renda que possuem. O sistema financeiro seria capaz de utilizar todo tipo de ativo, tudo que possa servir de reserva de valor, como lastro para a concessão de crédito, mas não seria capaz de criar poder aquisitivo sem base num poder aquisitivo previamente existente e não exercido. Esse raciocínio não contempla a possibilidade de o Estado dar crédito puro, não lastreado, e de delegar ao sistema bancário essa faculdade.

6
O investimento e a poupança

NA TEORIA GERAL, John Maynard Keynes sustentou que o investimento depende sobretudo do otimismo, dos *animal spirits*, dos empresários, e que a poupança é função da renda. Ambos seriam marginalmente sensíveis à taxa de juros, mas esta era determinada no mercado monetário, e não, como supunham os "clássicos", pelo equilíbrio entre a poupança e o investimento. A tese de que a taxa de juros é determinada pela demanda de fundos para investimentos e a oferta de fundos poupados, conhecida como a teoria dos *loanable funds*, fundos emprestáveis, era dominante até o aparecimento da Teoria Geral de Keynes. Curiosamente, sobreviveu quase sem arranhões à vitória do keynesianismo. O fato de

Keynes ter recuado em relação ao entendimento da moeda como unidade de crédito que havia adotado no Tratado da Moeda contribuiu para manter vivas a teoria monetária clássica e a tese de que os juros são resultado do equilíbrio entre a poupança e o investimento. Foi o sucesso do diagrama conhecido como IS-LM, uma sinopse didática do argumento da Teoria Geral, de autoria de John Hicks, que selou a sobrevivência da tese. A curva IS, onde há equilíbrio no mercado de bens, é aquela em que o investimento (I) iguala a poupança (S). O próprio Hicks se declarou, "com o passar do tempo", profundamente insatisfeito com sua simplificação didática da Teoria Geral.[8] Pouco importa; a versão esquemática do argumento de Keynes tornou-se o instrumental básico de todo macroeconomista. Até hoje, depois de aposentada há mais de duas décadas dos cursos avançados, continua a ser ensinada nos cursos básicos de macroeconomia e a pautar a grande maioria dos analistas.

Ainda que a poupança mundial esteja efetivamente em queda, a noção de que há um *savings glut*, um excesso de poupança no mundo, tem sido levantada para explicar as taxas de juros excepcionalmente baixas, desde a crise de 2008.[9, 10] O equívoco advém do apego à ideia de que a taxa de juros é determinada pela oferta e demanda de fundos para investimentos. O custo do capital, dado pela taxa de juros, é inversamente correlacionado com o investimento, mas, como argumentou Keynes, as expectativas e o otimismo são muito mais relevantes para a decisão dos empresários. Equívoco ainda mais grave é considerar que a oferta de fundos para investimentos advém exclusivamente da renda poupada. Tanto o volume dos fundos disponíveis como seu custo, a taxa de juros, são determinados pela oferta de crédito, que não se restringe à oferta de renda não consumida, ou seja, de poupança. O crédito, como vimos, é criado pelo Estado e pelo sistema bancário, que tem acesso ao Banco Central. O volume de crédito é determinado pelo sistema bancário de forma endógena, acompanhando a percepção de risco e retorno, que é função do grau de otimismo dos negócios. Como analisada por Schumpeter de forma pioneira em 1911, depois retomado por Minsky, sem merecer a devida atenção da macroeconomia convencional,[11] é a expansão endógena do crédito e sua reversão brusca — quando o otimismo dos mercados se esvai — que provocam as crises financeiras recorrentes das economias capitalistas.

7
A ortodoxia revista

A TEORIA QUANTITATIVA, baseada na moeda metálica do mundo medieval, em que se poderia falar em um "estoque" de representações metálicas da moeda, foi transportada para o mundo moderno da moeda bancária fiduciária, em que a noção de estoque de moeda não faz sentido. Embora haja correlação entre qualquer conceito de moeda e a inflação, dado que ambos são afetados pelo comportamento dos preços, o sentido da causalidade, segundo a teoria convencional, da moeda para a inflação está invertido. Moeda não causa inflação, dado que moeda é apenas o índice do registro contábil dos ativos e passivos na economia. É o aumento dos preços que, por definição, obriga ao aumento dos valores monetários. O Estado, tendo concedido aos bancos o direito de expansão do crédito, não tem alternativa a não ser sancionar a demanda do sistema financeiro, para não perder o controle sobre a taxa de juros, que é hoje seu principal instrumento de política monetária. Nos anos 1990, ficou evidente que, independentemente de como fossem definidos os agregados monetários — do mais restrito, a base monetária, aos sucessivamente mais abrangentes, M1, M2, M3, M4 —, não havia uma relação estável entre eles e o nível de preços. Foi também enfim reconhecido pela macroeconomia convencional que o Banco Central não tem como controlar os agregados monetários. A taxa básica de juros passou então a ser oficialmente aceita como o principal instrumento dos bancos centrais. O que é passível de ser controlado, através da regulamentação, é o crédito, não a moeda. A regulamentação "prudencial" pode de fato evitar bolhas de crédito, mas, ao tentar contrair o crédito para controlar uma inflação já em curso, o resultado é uma crise de liquidez que paralisa a economia, muito antes de a inflação ser moderada. Diante da perspectiva de quebras generalizadas no sistema financeiro e do colapso da economia, a política contracionista do crédito é sempre revertida, sem nenhum resultado significativo em relação à inflação.

Aposentada a Teoria Quantitativa da Moeda, desapareceu o arcabouço conceitual da atuação do Banco Central para o controle da inflação. Foi substituída por uma regra heurística para fixação da taxa de juros. A Regra de Taylor, que determina que a taxa básica deve ser elevada ou reduzida mais do que proporcionalmente ao desvio da inflação em relação à meta, visa a garantir a convergência para a meta da inflação. A suposição implícita é que a alta do juro reduza a demanda e que a contração da demanda, através do aumento do desemprego e da capacidade ociosa, modere a inflação. O argumento está baseado na Curva de Phillips, uma relação inversa entre a inflação e o desemprego, observada nos anos 1950 pelo economista que lhe dá o nome e que passou a ocupar lugar de destaque na macroeconomia convencional. Desde os anos 1990, no entanto, a relação inversa entre inflação e desemprego praticamente desapareceu, mas permaneceu intocada no repertório da macroeconomia convencional. Na falta de alternativa, continuou a ser invocada para dar validade à Regra de Taylor.

A crise financeira de 2008 deu início a um longo período de deflação no mundo, o que evitou que a Regra de Taylor fosse testada para uma inflação acima da meta, ao menos nos países avançados. Sua adoção com o regime de metas, de forma mais ou menos explícita, em países menos ricos, como Brasil e Argentina, para ficar apenas nos menos problemáticos, seria suficiente para levantar sérias dúvidas em relação à sua eficácia, mas é sempre possível invocar a "irresponsabilidade" dos políticos como justificativa para o fracasso da ortodoxia monetária. Na segunda metade do século XX, quando esses mesmos países flertaram com a hiperinflação aberta, apesar de repetidamente tentarem seguir o receituário monetário da ortodoxia quantitativista prevalecente, ficou claro que a evidência dos fatos nas economias periféricas é insuficiente para desmontar os dogmas conceituais estabelecidos na academia dos países centrais.

A desmoralização da nova ortodoxia da Regra de Taylor veio, de toda forma, com a inviabilidade prática de taxas nominais de juros negativas. Os bancos centrais dos países avançados, na tentativa de evitar a deflação, chegaram a uma taxa básica nula, atingindo o que então se convencionou chamar de *lower bound*, seu limite inferior. Impossibilitados de continuar a seguir a Regra de Taylor, foram obrigados a deixar a taxa onde esta se achava, perto de zero. Ao contrário da espiral deflacionária prevista pela teoria, a deflação se estabilizou. Sem a Curva de Phillips, o controle da inflação acima da meta através da alta dos juros perdeu sua sustentação conceitual. A evidência recente demonstra que, no caso de uma inflação abaixo da meta, ao estabilizar a taxa de juros, a inflação também se estabiliza. A regra heurística utilizada pelos bancos centrais não tem sustentação empírica para desvios nem acima nem abaixo da meta. Como veremos mais adiante, há razões para acreditar que a estabilidade da taxa básica esteja associada à estabilidade da inflação, tanto quando está abaixo como quando está acima da meta.

8
A inflação financeira

AO ASSOCIAR TODO CRÉDITO à prévia existência de poupança, a macroeconomia convencional é incapaz de explicar a inflação de ativos provocada pela expansão do passivo financeiro do Estado. Para que uma alta dos preços de alguns ativos privados possa ocorrer, uma alta da bolsa de valores por exemplo, sem que haja redução proporcional de preços de outros ativos privados, é preciso que haja um aumento do passivo do Estado. Uma alta generalizada dos preços de ativos privados só pode ocorrer se tiver como contrapartida uma alta equivalente dos passivos do Estado, pois o aumento do crédito, que viabiliza a alta dos ativos, tem necessariamente como contrapartida o aumento desses últimos passivos. O resultado é contábil, inescapável numa economia fechada. Na economia aberta, é preciso ser qualificado, mas é o resultado da economia fechada que ilustra mais claramente que a contrapartida da expansão do passivo do Estado é a alta dos preços dos ativos financeiros do setor privado. Que a expansão do passivo financeiro do Estado tenha como contrapartida o aumento do ativo financeiro do setor privado é um resultado contábil trivial. A dívida pública é um passivo do Estado e um ativo do setor privado. Diferentemente da dívida externa, que é detida por não residentes, o aumento da dívida pública interna não reduz a renda, nem a riqueza interna. Ao contrário, tem como contrapartida inevitável o aumento da riqueza privada, porque o passivo financeiro do Estado é equivalente ao ativo financeiro do setor privado. Tem, além disso, um efeito redistributivo inequivocamente concentrador de renda e riqueza, pois o passivo é de toda a sociedade e o ativo é dos detentores da dívida pública, os agentes superavitários capazes de acumular ativos financeiros como reserva de valor.

O liberalismo econômico que, há mais de quatro séculos, sustenta que o Estado não pode expandir seu passivo financeiro além do que foi capaz de acumular, seja em lastro metálico, seja em impostos arrecadados, parece assim estar pregando contra seus próprios interesses. Os mais ardorosos defensores da restrição ao endividamento público são justamente agentes superavitários do setor privado, mas a defesa da restrição ao aumento do passivo do Estado sempre foi seletiva. Primeiro porque, enquanto restringe a expansão do crédito concedido diretamente pelo Estado, deixa livre a expansão do crédito bancário. Segundo porque, ao longo da história, sempre houve exceções em relação às restrições para a expansão da dívida pública. O financiamento de guerras ao inimigo externo, em todas as épocas, foi visto como um motivo legítimo para abrir exceção. Da mesma forma, o socorro ao setor financeiro privado foi também sempre entendido como razão para suspender a conversibilidade da moeda e liberar a expansão do passivo monetário do Estado. Embora a teoria convencional se recuse a reconhecer que o Estado é o credor primário na economia, quem pode expandir o crédito e criar poder aquisitivo sem lastro, o papel do Estado como emprestador de última instância para socorrer o setor financeiro em momentos de crise nunca foi questionado.

9
A taxa de juros

VÁRIOS SÃO OS CONCEITOS de taxas de juros. A profusão de definições confunde, dado que a teoria se refere à taxa de juros como se fosse um único e bem determinado conceito. A taxa real de juros, assim como conceitos mais esotéricos, como o de taxa neutra, não são observáveis, a não ser de forma indireta a partir de suposições subjetivas. A taxa de juros que pode ser inequivocamente observada é a taxa nominal, a taxa em valores monetários para determinado prazo. Diferentes taxas nominais de juros refletem o risco associado ao devedor e ao prazo do contrato. O Estado emissor da moeda fiduciária não corre risco de não ter recursos para resgatar sua dívida no vencimento. O ponto é mal compreendido. Os Estados podem não ter como honrar compromissos de dívidas denominadas em moeda estrangeira, que não são capazes de emitir, mas, a menos que tomem a decisão política de não honrar a dívida denominada na sua moeda, podem sempre creditar monetariamente o detentor da dívida e pagar. Existe risco na dívida pública denominada em moeda estrangeira, mas não existe risco de crédito na dívida pública denominada em moeda nacional. A taxa de juros de um dia, overnight, da dívida pública denominada em moeda nacional, é a taxa sem risco para o prazo mais curto da economia. Por isso é chamada de taxa básica. Essa é a taxa que o Banco Central cobra, ou paga, para emprestar, ou tomar, reservas bancárias do sistema financeiro por um dia.

Apesar de aprovado em lei o pagamento de juros nas reservas voluntárias do sistema bancário, como já é prática da maioria dos bancos centrais no mundo, o Banco Central do Brasil ainda opera primordialmente com operações de curtíssimo prazo, com lastro em títulos públicos, conhecidas como "operações compromissadas". Independentemente de como opera o Banco Central, com reservas remuneradas ou com operações compromissadas, a taxa básica das reservas bancárias é hoje reconhecidamente o principal instrumento de política monetária. O Banco Central determina a taxa básica e toma, ou empresta, as reservas ofertadas, ou demandadas, pelo sistema financeiro nessa taxa. Repito para deixar claro: a taxa básica de juros nas reservas bancárias é fixada pelo Banco Central, é seu principal instrumento de política. Ao fixar a taxa básica, o Banco Central se torna um doador ou um tomador passivo de reservas para o sistema financeiro. A taxa de juros é determinada pelo Banco Central, e as reservas bancárias, o principal componente da base monetária, são determinadas pela demanda da economia. A quantidade de crédito na economia, decidida pelo otimismo dos empresários e do sistema financeiro, determina a demanda por reservas bancárias, a base monetária, que o Banco Central se vê na obrigação de suprir, para garantir o controle da taxa básica. Dito na linguagem técnica dos economistas: a taxa de juros é exógena, e a moeda é endógena. Ocorre que todo o raciocínio econômico convencional parte do pressuposto oposto, de que a taxa de juros é endógena, determinada no mercado, e a moeda é exógena, controlada pelo Banco Central.

10
O Banco Central determina a taxa de juros

APESAR DE TER FICADO CLARO que o Banco Central não controla os agregados monetários, o que já foi incorporado nos cursos avançados de macroeconomia, grande parte dos analistas ainda raciocina como se a taxa de juros, em vez de um instrumento dele, fosse determinada pelo mercado. Mais uma vez, a confusão entre os diferentes conceitos de taxas de juros permite que se sustente, ao mesmo tempo e aparentemente sem contradição, que a taxa de juros é determinada no mercado e que o Banco Central controla a taxa de juros. Ele controlaria a taxa básica, mas "a" taxa de juros seria determinada pelas forças do mercado. A taxa de juros nos títulos de longo prazo da dívida pública é recorrentemente utilizada pelos analistas como indicador da pressão exercida pela demanda de financiamento do Estado no mercado de *loanable funds*. Os desvios significativos da taxa longa em relação à taxa básica são invocados como evidência do "risco fiscal", de que o Banco Central não controla "a" taxa de juros, mas apenas a taxa básica.

As taxas para diferentes prazos da dívida podem efetivamente apresentar desvios, para cima ou para baixo, em relação à taxa básica. A chamada estrutura a termo das taxas, a *yield curve*, curva dos juros, que associa as taxas aos prazos da dívida, pode tomar diferentes formas. Pode ser positivamente inclinada, com as taxas mais altas para prazos mais longos, *flat* ou paralela ao eixo horizontal do tempo, ou ainda negativamente inclinada. Ao fixar a taxa básica por um dia, o Banco Central determina o primeiro ponto da curva, mas o mercado determina as taxas para todos os demais prazos. Ocorre que o mercado determina as taxas, para os diferentes prazos, estimando as sucessivas taxas de um dia, de overnight, determinadas pelo Banco Central até lá. A taxa de um ano é a estimativa do mercado do custo de aplicar, sucessivamente por 365 dias, à taxa básica. Esse é o custo de financiar a compra do título de um ano no mercado interbancário de reservas até seu vencimento, o custo de "carregar" o título até o vencimento. Dado que as sucessivas taxas de overnight são determinadas pelo Banco Central, tudo que o mercado faz, ao precificar títulos mais longos, é estimar a trajetória da taxa básica para o prazo do título. Como há incerteza sobre a trajetória das taxas a serem fixadas pelo Banco Central, ao precificar os títulos mais longos o mercado exige um prêmio sobre o custo de carregamento. Quanto maior o prazo, maiores a incerteza e o prêmio exigido. Esse prêmio de risco é muitas vezes considerado uma estimativa do risco de crédito da dívida — equivocadamente, porque não existe risco de default na dívida denominada na moeda fiduciária do seu emissor. O prêmio, nos prazos mais longos da dívida, é efetivamente um prêmio de risco, mas risco de carregamento e de que a trajetória da taxa básica possa vir a ser superior à prevista, não risco de crédito do Estado.

Como as taxas para diferentes prazos de dívida são calculadas pelo mercado com base no custo de carregamento que é determinado pelo Banco Central, toda a estrutura a termo das taxas é determinada pelo Banco Central. A incerteza sobre a trajetória da taxa básica é o que leva o mercado a pedir um prêmio nos prazos mais longos, mas como a curva dos juros é baseada no que o mercado espera que seja a política do Banco Central para a taxa básica até os diferentes prazos de vencimentos, é este que influencia toda a curva de juros. Se a incerteza sobre a política do Banco Central em relação à taxa básica for reduzida, também o prêmio do mercado para os prazos mais longos será reduzido. Essa é a razão pela qual os bancos centrais passaram a anunciar como pretendem conduzir suas políticas de juros no futuro. O *forward guidance*, direcionamento futuro, é uma forma de reduzir o risco de carregamento e influenciar a curva de juros. Ainda que o Banco Central anuncie o que vai fazer, a incerteza sobre a trajetória da taxa básica não desaparece por completo, pois é sempre possível que ele mude de ideia e não cumpra o que prometeu. Para eliminar a incerteza, é preciso que o Banco Central não apenas anuncie o que pretende fazer, mas compre e venda títulos nas taxas anunciadas para os diferentes prazos ao longo da curva de juros. "*Put your money where you mouth is*", ponha seu dinheiro no que diz, é o que passou a fazer recentemente o Banco do Japão. Ao comprar e vender títulos para os diferentes prazos da dívida, seguindo o exemplo japonês, o Banco Central determina toda a estrutura a termo dos juros, o que lhe dá um instrumento muito mais poderoso do que apenas a fixação da taxa básica de overnight.

11
O prazo da dívida é irrelevante

O MERCADO PODE, ainda assim, discordar do Banco Central. Pode, por exemplo, achar que a taxa fixada para os títulos de longo prazo é insuficiente, que a inflação mais alta do que pressupõe o otimismo do Banco Central irá mais à frente forçá-lo a subir as taxas, e quem comprou títulos longos terá prejuízo. O mercado procurará então fugir dos prazos mais longos e se concentrar nos mais curtos, para os quais acredita que o Banco Central vai efetivamente manter as taxas com as quais se comprometeu. De fato, ao fixar as taxas, comprando e vendendo títulos para os prazos ao longo da curva, o Banco Central abre mão do controle sobre o prazo médio da dívida. Se o mercado desconfiar que as taxas para prazos mais longos estão subestimadas, que o Banco Central será obrigado a elevar a taxa básica antes do vencimento dos títulos, haverá mais vendas para ele do que compras pelo mercado de títulos longos, e o prazo médio da dívida será reduzido. O raciocínio convencional é que o encurtamento do prazo da dívida é indesejável — que quanto mais longa a dívida, menos problemático é seu refinanciamento. Essa é uma visão que se justificava quando os mercados de dívida eram ilíquidos e as mãos do Banco Central estavam amarradas pela disponibilidade de lastro metálico. No passado, grande parte dos compradores de títulos públicos eram tomadores finais que pretendiam levá-los até o resgate, pois não havia liquidez para compra e venda no mercado sem grandes deságios, e o Banco Central, restrito pela exigência de lastro metálico, não poderia garantir a liquidez aos títulos da dívida. Sem a restrição de lastro para a emissão de moeda, o Banco Central pode sempre recomprar ou refinanciar a dívida do mercado com emissão de reservas bancárias. Por isso a dívida pública é hoje extremamente líquida, mesmo para grandes valores, negociada em mercado sem deságio e em questão de segundos. Toda a reserva de liquidez do sistema financeiro é mantida em títulos públicos. A dívida pública é, hoje, a moeda que paga juros.

A colocação de títulos longos não garante que o Banco Central, diante de uma crise de confiança, não venha a ser obrigado a recomprá-los ou refinanciá-los. Como uma parcela expressiva dos títulos longos é carregada pelas instituições financeiras, diretamente em suas carteiras ou nos fundos administrados por elas, sempre financiados no interbancário a prazos mais curtos, a alta das taxas dos papéis longos pode provocar perdas expressivas, o que obriga o Banco Central a intervir para evitar uma crise mais grave. Ora, se a autoridade monetária será sempre obrigada a intervir, como emprestadora de última instância, para impedir perdas mais expressivas e salvar o mercado, o prazo médio da dívida é irrelevante. Toda dívida, por mais longa que seja, está sujeita a uma garantia de recompra pelo Banco Central, em caso de crise de confiança e iliquidez no mercado. Por que então alongar a dívida? Por que pagar um prêmio nos títulos longos carregados pelo sistema com financiamento de curto prazo no interbancário? O prêmio dos papéis longos é apropriado pelo sistema bancário, que se financia com o público no curto prazo e, em caso de iliquidez, diretamente com o Banco Central. Além do prêmio de carregamento, o sistema financeiro se beneficia da assimetria em relação aos movimentos da taxa básica: quando as taxas sobem, o Banco Central é obrigado a intervir para evitar uma crise, mas quando se reduzem o ganho da valorização dos títulos é do sistema. Liquidez é uma qualidade da qual o aplicador em títulos públicos só está disposto a abrir mão mediante um prêmio na taxa de juros. Ainda assim, só está disposto a alongar o prazo quem tem acesso ao financiamento do interbancário irrigado pelo Banco Central, ou seja, o sistema bancário. Grande parte do financiamento da dívida é de curtíssimo prazo; o prêmio dos títulos mais longos é apropriado pelo sistema financeiro, que faz a transformação de prazos, carregando papéis longos financiados no curto prazo pelo público.

A única razão para emitir títulos de mais longo prazo é poder balizar a estrutura a termo das taxas de juros. Com títulos longos e intervenção ativa ao longo da curva, como faz o Banco do Japão, o Banco Central tem um instrumento muito mais poderoso do que apenas a taxa básica de overnight para a condução da política monetária. Ele não apenas fixa a taxa básica, como possui meios de determinar toda a estrutura a termo da curva de juros. A taxa de juros não é resultado da oferta e da demanda de fundos emprestáveis, tampouco é o resultado do equilíbrio entre a poupança e o investimento, mas sim da política de juros do Banco Central. Como observado por Keynes na Teoria Geral, a taxa de juros é determinada no mercado monetário. O mercado monetário é o mercado de dívida pública, dado que a moeda é dívida pública — é o passivo de curtíssimo prazo do Estado. A moeda só se distingue de títulos de dívida pelo fato de não pagar juros e não ter prazo de resgate. É uma perpetuidade que não paga juros, mas de toda forma é dívida pública. O Banco Central dita a taxa básica do mercado monetário e tem como controlar toda a estrutura a termo das taxas da dívida. A conclusão é irrefutável: a taxa de juros da dívida pública é determinada pelo Banco Central.

12
Os limites da taxa de juros e a sustentabilidade da dívida

EXISTE UMA INFINIDADE de taxas de juros que refletem os riscos associados à infinidade de contratos de crédito existentes na economia, mas a taxa, ou a estrutura a termo de taxas, que serve de referência para todas elas, é a taxa da dívida pública, a taxa de juros, num país com moeda fiduciária, sem risco de crédito. Essa é a taxa de juros à qual se refere toda a macroeconomia, e ela é determinada pelo Banco Central, não pelo mercado. Não depende do equilíbrio entre poupança e investimento, nem da oferta e da demanda por fundos "emprestáveis". Não depende porque o Estado, através do Banco Central, determina a taxa de juros e garante que a oferta de fundos "emprestáveis" será a que for demandada a essa taxa. Só assim o Banco Central pode fixar a taxa de juros. Na linguagem técnica: a taxa de juros é o instrumento de política do Banco Central, portanto uma variável exógena, não determinada endogenamente pelas forças do mercado. A variável endógena, que resulta das forças de mercado, é o crédito demandado pelo sistema e garantido pelo Banco Central à taxa de juros determinada por ele.

O controle da taxa de juros pelo Banco Central tem implicações da maior importância para a política macroeconômica. Nos últimos anos, sobretudo depois da crise financeira de 2008 e agora a da covid-19, o rápido crescimento da dívida pública em todo o mundo levou alguns expoentes da macroeconomia convencional a reavaliar o papel e a sustentabilidade do endividamento público.[12] A reavaliação foi feita a partir da constatação de que, se a taxa de juros da dívida é menor do que a taxa de crescimento da economia, a relação dívida/PIB não terá uma trajetória explosiva. Ainda que haja períodos nos quais a dívida venha a crescer substancialmente, como ocorreu com as crises mencionadas, se a taxa de juros for inferior ao crescimento da economia a relação dívida/PIB voltará a cair. O debate tem dado margem a muita controvérsia e a mais álgebra do que o necessário, mas o resultado é trivial: se a taxa de juros for inferior à taxa de crescimento, a dívida crescerá menos do que a economia. Grande parte da discussão gira em torno de saber se as taxas de juros, que hoje são muito baixas, claramente inferiores ao crescimento, ainda que medíocre, das economias, continuarão baixas. Quem sustenta que o endividamento é indesejável e perigoso argumenta que os juros voltarão a subir, e os países muito endividados serão pegos no contrapé. Ora, a incerteza sobre o custo da dívida pressupõe que a taxa de juros, como sustentava a macroeconomia convencional do século passado, esteja fora do controle do Banco Central. Sabe-se, hoje, que a taxa de juros é um instrumento das autoridades monetárias. Basta que elas se comprometam a não fixar a taxa de juros acima da taxa de crescimento, para garantir que a relação entre a dívida e o produto interno vá em algum momento se reduzir. Comprometer-se com uma taxa de juros abaixo da taxa de crescimento não significa que o Banco Central não possa, transitoriamente, elevar os juros acima do crescimento para evitar o sobreaquecimento da economia. Basta que a taxa média ao longo do tempo não exceda o crescimento. Sabe--se também que a taxa de juros, por si só, é um instrumento menos poderoso do que se imaginava para desaquecer a economia e controlar a inflação. Tem-se consciência de que a política de juros precisa ser coordenada com a política fiscal, sob pena de ser inócua ou mesmo contraproducente. A alta dos juros agrava o desequilíbrio fiscal, como reconhece a própria macro convencional; é distributivamente regressiva e pode elevar as expectativas de inflação, como sustenta a conjectura neofisheriana.[13] Como veremos mais adiante, há razões para crer que a alta dos juros, independentemente do efeito sobre as expectativas, eleva também a própria inflação.

O fato de a taxa de juros ser um instrumento do Banco Central não significa que não haja limites para sua fixação. Se fixada acima da taxa de crescimento, por um longo período, provocará desequilíbrio fiscal, concentrará a renda e imprimirá à dívida pública uma trajetória insustentável. Se fixada, por período prolongado, muito abaixo da taxa de crescimento, provocará inflação de ativos e desequilíbrio no balanço de pagamentos, pois a inflação de ativos tende a ser seguida por uma crise financeira com fuga de capitais. Existem limites e diretrizes para a política de juros do Banco Central, mas a melhor compreensão desses limites, assim como de suas possibilidades, exige que se descarte a velha concepção de que a taxa de juros é determinada pelo mercado e não pelo Banco Central. É preciso um novo arcabouço teórico que reconheça o que, há décadas, se sabe na prática: a taxa de juros é uma variável de política do Banco Central. Uma variável de política pública com implicações que transcendem as reconhecidas pela macroeconomia convencional.

13
Uma conjectura: a inflação e a taxa de juros

SE A MOEDA É ENDÓGENA e a Curva de Phillips desapareceu, o que determina a inflação? A macroeconomia convencional não tem ideia e transferiu a responsabilidade para o campo da psicologia coletiva: seriam as expectativas. A verdade é que a teoria econômica nunca teve explicação para o que determina o nível de preços. O modelo canônico neoclássico de equilíbrio geral, de autoria de Léon Walras, Kenneth Arrow e Gérard Debreu, determina preços relativos num mercado competitivo instantâneo, mas não fornece explicação para o que Walras chamou de *numéraire*, o preço absoluto que fixa toda a estrutura de preços relativos.[14] A tese de que a moeda é um monopólio do Estado, retomada pelo cartalismo de

Georg F. Knapp no início do século XX, oferece uma resposta à determinação do nível de preços, que falta ao modelo de equilíbrio geral. Como vimos, a moeda é uma unidade de dívida pública, legalmente aceita para o pagamento de impostos e demais obrigações contra o Estado, que passa a ser a unidade de conta da economia.[15] Como todo monopolista, o Estado fixa o preço de seu produto, nesse caso o preço da moeda em relação à cesta de bens e serviços da economia, que vem a ser justamente o nível de preços. A forma pela qual o Estado fixa o preço da moeda se dá ao determinar quanto paga pelo que adquire. Se comprasse toda a cesta de bens e serviços existente na economia, estaria determinado inexoravelmente o nível de preços, mas como só adquire um subconjunto dos bens e dos serviços produzidos, o nível de preços é fixado por esse subconjunto, sobretudo pelos preços pagos pelos produtos e pelos serviços que são utilizados na produção de um grande número de outros bens e serviços. O preço da energia, o salário mínimo e a taxa de câmbio são exemplos de preços em que o valor pago pelo Estado ancora o nível de preços. Servem de referências a partir das quais o mercado determina toda a estrutura de preços relativos.

O fato de o Estado ser monopolista da moeda e ter o poder de ancorar o nível absoluto de preços, através do que decide institucionalmente pagar pelo que adquire, não impede que haja expressivas variações dos preços relativos. Altas significativas de alguns preços, sobretudo mas não exclusivamente, dos preços sinalizadores pagos pelo Estado são refletidas no nível de preços. Dada a inflexibilidade para baixo dos salários e de outros preços expressivos, o ajuste dos preços relativos tende a ser feito através da alta de alguns preços, enquanto outros são mantidos constantes. O resultado é uma alta no nível de preços. Essa alta, medida por um dos índices utilizados para indicar sua variação, é comumente chamada de taxa de inflação. É uma medida do aumento ocorrido nos preços até o momento. Trata-se, portanto, da alta dos preços observada pelo retrovisor. Uma definição mais rigorosa de inflação é o aumento contínuo da estrutura a termo dos preços, a alta dos preços futuros em relação aos preços de hoje. A inflação corrente é o prêmio sobre os preços de hoje que deve pagar quem deseja comprar a cesta de bens e serviços agora, para pagamento em determinado momento no futuro.

Assim definida como a estrutura temporal dos preços, do presente até um ponto futuro, fica claro que a inflação pode ser entendida como a taxa própria de juros, *the own rate of interest*, da cesta de bens e serviços na economia, isto é, o prêmio percentual em relação à cesta de bens e serviços que deve ser pago para entrega hoje e devolução da mesma cesta de bens a prazo. Dito de outra forma, a inflação é o deságio no valor da moeda entre hoje e uma data futura de pagamento. Assim como o nível de preços é determinado pelo emissor monopolista da moeda, o deságio do valor da moeda no tempo é determinado pelo Banco Central. É determinado pelo que o braço financeiro do Estado, o Banco Central, fixa como desconto da moeda futura em relação à moeda hoje, isto é, a taxa de juros. Ao fixar a estrutura a termo da taxa de juros, a curva de juros, que tem efetivamente o poder de fixar, o Banco Central determinará a estrutura a termo do valor da moeda, logo, a estrutura temporal dos preços, ou seja, a inflação. Ao contrário do que supõe a teoria convencional hegemônica, a inflação não é negativamente correlacionada com a taxa de juros. Ao elevar a taxa de juros para conter a demanda e, supostamente, reduzir a inflação, o Banco Central está na realidade definindo uma inflação mais alta. Essa é também a conclusão de John Cochrane, que por caminhos muito diferentes, a partir do modelo macro convencional de equilíbrio geral dinâmico estocástico, DSGE na sigla em inglês, formula a tese — ou a conjectura — neofisheriana, em homenagem a Irwin Fisher, de que a taxa de juros está positivamente correlacionada com a inflação.[16]

14
O crédito dispensa a poupança

A INCAPACIDADE DE ENTENDER a moeda como crédito, como um passivo sem lastro do Estado, cuja aceitação é universal na sociedade, é o que explica os descaminhos da teoria monetária. Desde o início das discussões sobre a possibilidade de reduzir o lastro metálico da moeda, no século XVII, até as controvérsias entre metalistas e nominalistas, nos séculos XVIII e XIX, sobretudo na Inglaterra, duas grandes correntes de pensamento em relação à moeda se delinearam. A primeira, à qual Schumpeter apropriadamente chamou de teoria monetária do crédito, considera a moeda um ativo real de valor intrínseco, e o crédito, a mera transferência de direitos sobre valores monetários, ou seja, a intermediação de poupadores para investidores. A segunda, denominada por Schumpeter de teoria creditícia da moeda, entende a moeda como um crédito contra o Estado, sem valor intrínseco. A classificação de Schumpeter é particularmente reveladora. Para os que entendem a moeda como um ativo de valor intrínseco, corrente defendida originalmente por John Locke e David Ricardo, não existe a possibilidade de crédito não lastreado em ativos existentes. A própria moeda cunhada pelo Estado precisa ter lastro e ser baseada no acúmulo prévio de metais que sirvam de reserva de valor. Essa visão de que a moeda deve ter valor intrínseco e não pode ser apenas um crédito contra o Estado se tornou majoritária a partir do início do século XX. Tornou-se tão dominante que, como observou Keynes, suprimiu as teses contrárias "assim como a Santa Inquisição se livrou dos hereges".

O Estado é o detentor do poder político. Se além disso possui a faculdade irrestrita de criar capital e poder aquisitivo, passa a ser excessivamente poderoso, acumula o poder financeiro ao poder político. Compreende-se que, ao longo dos séculos, tenham sempre existido restrições ao seu poder de emissão, à sua faculdade de criar capital. Se não pode cunhar moedas sem lastro metálico, se é preciso acumular metais que servem de reserva de valor para então criar moeda, a faculdade de dar crédito sem lastro, de ser o credor primário da sociedade, é cerceada. Para gastar, o Estado restrito à moeda metálica precisa antes cobrar impostos, ou tomar emprestado, de quem tem poupança. Seu poder de criar, e não apenas de transferir, poder aquisitivo fica restrito.

15
A transmissibilidade da riqueza

RETOMEMOS A SUGESTÃO de Adam Smith: entender a riqueza como a capacidade de recrutar pessoas, como o poder de mobilizar esforços. Assim definido, o conceito de riqueza não se distingue do conceito de capital para Karl Marx e se aproxima do conceito de poder. Riqueza seria o poder de arregimentar pessoas e mobilizar recursos para atingir objetivos. O poder, como se sabe, não exige necessariamente riqueza; costuma estar associado diretamente à força, à política e ao prestígio. Embora o poder político e o do prestígio não sejam de todo dissociados da força, prescindem do uso não institucional e ilegítimo da força. O poder, igualmente, é capaz de dispensar a riqueza. A impressão de que ditadores poderosos são riquíssimos é uma ilação a partir dos valores do mundo contemporâneo, onde a riqueza é o objetivo supremo. Passamos a crer que ter poder é ser rico — que o poder é apenas uma forma desvirtuada de acumular riqueza.

O poder nunca foi apenas instrumental para ser rico, mas, no mundo contemporâneo, a riqueza se tornou a principal porta de acesso ao poder. Quem tem poder nunca precisou ser rico, mas, no capitalismo financeiro, quem é rico tem poder. No mundo de hoje, a riqueza é condição suficiente para se ter poder, mas, como foi sempre verdade ao longo da história, não é condição necessária. Ditadores podem ter mais capacidade de arregimentar recursos do que os ultrarricos, mas mesmo Joseph Stálin no apogeu da União Soviética era muito menos rico do que os multibilionários de hoje. Ditadores podem ter acesso a sinais exteriores de riqueza, como casas de campo, aviões e segurança privativos, mas não têm riqueza pessoal comparável a nenhum dos ultrarricos contemporâneos. No caso dos ditadores, os sinais exteriores de riqueza são formas de demonstrar poder, não de demonstrar riqueza. Mais apropriado seria chamá-los de sinais exteriores de poder.

A corrupção na política, assim como em todas as esferas de poder, entidades reguladoras, federações esportivas etc., parece confirmar que o poder é o meio para acumular riqueza. Trata-se de uma distorção provocada pela financeirização do mundo, onde tudo pode e deve ser definido e avaliado em termos da contabilidade financeira. Essa distorção explica tanto a reificação das restrições financeiras como a recusa a aceitar que a moeda fiduciária torna o Estado um agente sem restrição financeira. Se o objetivo supremo da vida é acumular riqueza financeira, o Estado, como ente sem restrição financeira, representa o poder supremo. Quem controla o Estado é todo-poderoso para enriquecer. Sem reconhecer que o crédito e a contabilidade financeira são instrumentos sociais, que devem ser usados para garantir a produtividade e o bem-estar comum e não para enriquecer os ocupantes do Estado e seus aliados, não há efetivamente como garantir a boa governança.

A grande diferença entre o poder e a riqueza está na legitimidade da transferência. Hoje, a transferência da riqueza para os descendentes é majoritariamente vista como legítima, e a transferência da riqueza para causas beneficentes considerada virtuosa. Já a transferência de poder, desde o fim da aristocracia, deixou de ser percebida como legítima. No mundo contemporâneo, a transferência de poder para protegidos ou descendentes, como demonstram as dinastias políticas em toda parte, é uma possibilidade, mas sempre imperfeita e tida como ilegítima. Essa é a razão pela qual mesmo os politicamente poderosos sentem-se compelidos a acumular riqueza, tentados a transformar o poder político, intransmissível, em poder financeiro, transmissível. O estímulo à corrupção na política é, então, reforçado.

A possibilidade de ser legitimamente transmitida é elemento fundamental para entender a riqueza financeira. O sistema monetário é o registro contábil de direitos e deveres na sociedade. No curto prazo, no tempo da produção, é o que viabiliza a atividade econômica. No longo prazo, além do tempo da produção, viabiliza a transferência de poder aquisitivo no tempo e a transferência de haveres e deveres entre gerações. É o que viabiliza e perpetua o capitalismo financeiro contemporâneo, assim como a riqueza fundiária perpetuava a sociedade aristocrática. A riqueza é a contabilidade dos direitos acumulados, pelas gerações pretéritas e pela geração em atividade, que podem ser transferidos no tempo para seus descendentes. É um direito sobre o produzido, mas só pode ser exercido se houver produção. Só o que for produzido, de geração a geração, viabiliza o aumento do consumo e do bem-estar. A riqueza financeira é mera contabilidade de direitos e deveres; não é capaz de aumentar a disponibilidade de bens e serviços. De nada vale toda a riqueza financeira acumulada numa sociedade que perdeu a capacidade de produzir. A contabilidade capitalista da riqueza aceita os preços de mercado como representação efetiva do valor criado e dos direitos adquiridos. Torna direitos, adquiridos segundo seu sistema de valor, passíveis de serem transferidos no tempo e entre gerações. Se os preços dos ativos e dos direitos forem inflacionados pela expansão do crédito sem o correspondente aumento da capacidade produtiva, não há efetivo aumento da riqueza, apenas ilusão monetária de aumento da riqueza. Sem contrapartida no aumento da produtividade, a expansão do crédito inflaciona os ativos financeiros e descola a riqueza da capacidade produtiva. A riqueza financeira continua transmissível, mas provocará excesso de demanda, inflação e racionamento, quando pretender ser desfrutada.

16
Repensar a governança

É IMPERATIVO REPENSAR a governança do Estado. O desenho das restrições institucionais ao seu poder financeiro, assim como da sua delegação ao sistema bancário, é elemento fundamental da boa política econômica. Sem restrições institucionais, o Estado tem a capacidade ilimitada de dar crédito e de criar poder aquisitivo. Tem, adicionalmente, a capacidade de determinar a taxa de juros. Controla, assim, tanto a criação de ativos e passivos financeiros da sociedade como a taxa de transferência no tempo desses ativos e passivos, ou seja, o preço da transferência de riqueza no tempo. O poder econômico do Estado, numa sociedade moderna em que a moeda é fiduciária, se não for restringido e institucionalmente regulado, é, com efeito, avassalador. Compreende-se que o liberalismo econômico distorça a realidade para lhe impor limites supostamente naturais. Curioso, no entanto, é que se recuse a reconhecer que o sistema bancário também cria poder aquisitivo, insistindo em sustentar que é mero intermediário de agentes superavitários para deficitários.

A verdadeira responsabilidade fiscal e monetária consiste em assegurar que a contabilidade financeira da economia seja pautada pelos valores, no sentido de crenças e princípios, da sociedade. A contabilidade financeira deve procurar recompensar a produtividade e promover o bem-estar coletivo. Assim como não pode ser desvirtuada para atender a interesses ilegítimos e corporativistas, não pode ser integralmente delegada ao sistema financeiro. O volume e o direcionamento do crédito são um instrumento poderoso. Não há razão para que a taxa básica de juros seja o principal instrumento de política monetária. O Estado tem a capacidade de controlar tanto a taxa de juros como a expansão e o direcionamento do crédito. Mas com base no arcabouço conceitual da macroeconomia convencional, desde a criação do sistema financeiro moderno no século XVII, delega a expansão e o direcionamento do crédito para o sistema bancário.

A combinação de hipertrofia financeira, concentração de riqueza e persistência de uma parcela expressiva da população abaixo da linha de pobreza, mesmo nos países mais avançados, deixa claro que há algo errado na gestão das economias capitalistas contemporâneas. A opção por restringir a ação do Estado, obrigando-o a se financiar integralmente através de receitas tributárias, enquanto a expansão do crédito para o setor financeiro fica irrestrita, é muito provavelmente a principal razão desse estado de coisas. Por um lado, a restrição indiscriminada ao poder financeiro do Estado limita sua capacidade de criar poder aquisitivo para explorar as potencialidades da sociedade através do investimento em áreas críticas como educação, saúde, infraestrutura, pesquisa e tecnologia e meio ambiente. Por outro lado, a completa delegação da expansão do crédito para o sistema bancário provoca ciclos recorrentes de euforias, inflação de ativos e crises financeiras que obrigam a intervenção do Estado como emprestador de última instância. A intervenção termina por ratificar a inflação dos ativos financeiros criada pela expansão do crédito bancário às custas da expansão da dívida pública. O liberalismo econômico acusa então o aumento do passivo do Estado de ser a razão da crise e reforça a camisa de força ideológica da necessidade de restringir seu poder financeiro. Urge romper a camisa de força ideológica da macroeconomia convencional para poder repensar e superar as distorções do capitalismo financeiro que ameaçam sua própria sobrevivência.

17
Moeda fiduciária e responsabilidade fiscal

AS DUAS GRANDES CRISES deste início de século XXI — a financeira de 2008 e a pandemia de 2020 — são dois novos exemplos de circunstâncias dramáticas que exigiram a intervenção do Estado para salvar o sistema financeiro e minorar o sofrimento causado pela covid-19. Diante da gravidade das crises, a ortodoxia monetária foi atropelada pelo pragmatismo político. Contra tudo o que rezava a macroeconomia convencional, a extraordinária expansão de crédito concedido pelo Estado, ou seja, a expansão do passivo financeiro do Estado, sobretudo do passivo monetário dos bancos centrais, não provocou uma explosão inflacionária. As taxas de inflação continuaram muito baixas. Só a partir de 2021, por razões mais associadas à desorganização da oferta e das cadeias produtivas num mundo globalizado do que ao excesso de demanda, houve sinal de aumento da inflação. A inflação de bens e serviços se manteve comportada, mas a contrapartida da extraordinária expansão do passivo do Estado, associada a taxas de juros excepcionalmente baixas, foi uma equivalente valorização dos ativos financeiros do setor privado. A expansão do passivo financeiro do Estado não provocou inflação de bens e serviços, mas sim inflação de ativos financeiros.

A teoria monetária convencional está equivocada. Apesar de ter sido sistematicamente revisada desde a formulação original da Teoria Quantitativa da Moeda por David Hume no século XVIII até o desaparecimento completo da moeda e dos mercados financeiros nos modelos macroeconômicos contemporâneos, a teoria monetária continua em desacordo com a evidência dos fatos. Justamente quando os bancos centrais estão no auge de seu poder, a teoria macroeconômica perdeu o rumo e os macroeconomistas estão sem bússola. O extraordinário poder estatal contemporâneo com sua moeda fiduciária precisa efetivamente ser disciplinado. Disciplinado através de objetivos definidos e sistematicamente revistos de acordo com as prioridades da sociedade, e não através de regras ditadas por uma teoria monetária anacrônica.

As políticas monetária e fiscal são indissociáveis. Convencionou-se que a moeda é um passivo do Banco Central e que a dívida é um passivo do Tesouro, mas tanto uma como a outra são passivos do Estado. A moeda é dívida que não tem vencimento estipulado e não paga juros, mas é dívida. Como nos mercados financeiros contemporâneos toda dívida é extremamente líquida e tem garantia de ser refinanciada pelo Banco Central, o seu prazo é irrelevante. A única razão para emitir dívida mais longa é balizar a estrutura a termo das taxas de juros. O aumento da taxa de juros é contracionista, reduz a demanda agregada através do maior custo do crédito para o setor privado, mas é expansionista através do aumento da renda transferida pelo Estado para os detentores da dívida. Seu efeito sobre a demanda agregada, a absorção, o consumo, o investimento e as importações líquidas não é evidente. Pode tanto ser contracionista como expansionista. Seu impacto sobre as contas públicas, no entanto, é inequivocamente negativo: aumenta o serviço da dívida e o déficit do Tesouro. É também regressivo do ponto de vista distributivo, uma vez que aumenta a transferência de renda para os agentes superavitários detentores da dívida.

A gestão do passivo consolidado do Estado, a sua distribuição entre moeda e dívida de diferentes prazos, assim como a estrutura a termo dos juros da dívida, devem estar sob a responsabilidade de um único órgão. Não devem estar artificialmente segregadas, como é hoje, entre o Banco Central, responsável pela taxa de juros, e o Tesouro, responsável pela emissão e pela colocação da dívida. É imprescindível que a gestão fiscal e a monetária sejam sincronizadas, tratadas como uma única política indissociável. Para isso deveria ser criado um comitê conjunto de políticas monetária e fiscal, formado por diretores do Banco Central e por um órgão técnico responsável pela política de investimentos, que poderia se instalar no BNDES. Deve-se dissociar a decisão de investimentos públicos da questão orçamentária anual e transferi-la para um orçamento plurianual, que idealmente não coincida com os mandatos presidenciais, com velocidade de implementação delegada ao órgão técnico de investimentos.

É forçoso revisar o desenho das instituições responsáveis pela condução das políticas macroeconômicas. É preciso adequar o arcabouço institucional ao correto entendimento das possibilidades e dos riscos associados à moeda fiduciária. Com a compreensão das possibilidades da política de crédito público, há uma renovada necessidade de definir corretamente a responsabilidade fiscal. Maiores possibilidades devem impor maior responsabilidade. Ao compreender que não existem limites naturais, apenas limites institucionais, politicamente definidos, para a expansão do crédito público, a responsabilidade fiscal não pode mais se restringir à exigência de equilíbrio orçamentário em todas as circunstâncias. Deve-se analisar as restrições da capacidade produtiva interna e os riscos de grandes e prolongados desequilíbrios nas contas externas. Exige-se definir objetivos e avaliar constantemente os resultados dos investimentos públicos. Em tese, nada que não possa ser implementado por um governo competente e preocupado com o interesse público. Na prática, a desconfiança elitista e tecnocrática em relação aos políticos na democracia representativa impede a revisão do quadro institucional. Fica patente, nas sociedades muito desiguais, o irremediável conflito entre democracia e governança tecnocrática. Não se pode ter democracia sem reduzir a desigualdade, mas não se reduz a desigualdade amarrando as mãos do Estado na camisa de força ideológica da macroeconomia neoclássica.

18
Liberalismo e democracia

SEGUNDO JOSÉ ORTEGA Y GASSET, democracia e liberalismo respondem a perguntas distintas. A democracia responde à pergunta de quem deve exercer o poder. Sua resposta é que o poder deve ser exercido pela coletividade dos cidadãos. O liberalismo, por sua vez, responde a outra pergunta: independentemente de quem o exerça, qual é o limite do poder público? A resposta é que, ainda que exercido de forma democrática, o poder não pode ser absoluto. Existem limites, estabelecidos por direitos pessoais, que têm precedência sobre toda ingerência do Estado. O liberalismo é, portanto, em essência, uma crença na necessidade de impor limites ao poder do Estado. É possível ser democrata e nada liberal, ou vice-versa, liberal e nada democrata. O poder absoluto pode ser exercido em nome da coletividade — o comunismo stalinista é o melhor exemplo —, assim como o poder exercido em nome de uma elite hereditária, o poder aristocrático, é capaz de impor limites ao Estado e respeitar direitos individuais. Da mesma forma, pode-se tanto ter um capitalismo democrático como um autoritarismo capitalista. Mas é possível ser capitalista iliberal e liberal anticapitalista? A resposta, claramente, é sim. Embora haja uma tendência a associar liberalismo e capitalismo, a verdade é que o capitalismo pode perfeitamente ser iliberal. A China é hoje a demonstração cabal do sucesso do capitalismo autoritário e antiliberal. O liberalismo anticapitalista é hoje uma posição radical libertária sem expressão institucional, mas é uma possibilidade que atrai cada vez mais segmentos à esquerda e à direita do espectro ideológico.

A questão mais relevante é saber se a democracia é compatível com a boa governança do Estado no capitalismo contemporâneo. Hoje, grande parte da elite financeira e da tecnocracia parece acreditar que não. Mais ou menos conscientemente, subscrevem o ceticismo de Joseph Schumpeter e não o otimismo cauteloso de Alexis de Tocqueville em relação à democracia. Em *Capitalismo, socialismo e democracia*,[17] Schumpeter defende uma definição alternativa de democracia. A democracia não é, como sustenta Ortega y Gasset de acordo com a definição clássica, o poder exercido pela coletividade dos cidadãos, mas um arranjo institucional pelo qual indivíduos garantem o controle do Estado e do poder decisório através da competição por votos. As eleições não têm como objetivo escolher representantes da opinião e da vontade da população sobre diferentes temas e propostas, mas sim a escolha de indivíduos que controlarão o Estado e tomarão decisões por conta própria. Eleições são uma disputa por votos de indivíduos que formarão o governo. Nessa competição, é preciso garantir os votos e não a capacidade de representar a vontade dos eleitores, que na maioria das vezes não está clara nem mesmo para eles. Votos seguem lideranças e não ideias e propostas. A competição pelos votos entre candidatos a líderes populares descamba inevitavelmente para a demagogia, o populismo e o corporativismo. É incompatível com a boa gestão do Estado e com a defesa do bem público.

Tocqueville, no seu clássico *A democracia na América*,[18] escrito após sua viagem aos Estados Unidos na primeira metade do século XIX, apresenta uma visão radicalmente oposta à de Schumpeter. Ele mesmo oriundo de uma família aristocrata, mas nascido depois da Revolução Francesa, pensa ter encontrado nos Estados Unidos do século XIX, em contraponto à França revolucionária, a verdadeira expressão da democracia. Para Tocqueville, a democracia é indissociável da igualdade — não da igualdade perante a lei, a igualdade civil, mas a igualdade política e psicológica. A democracia é comunitária, só é possível entre os que se percebem como pares. A sociedade heterogênea e desigual não é democrática. Tocqueville analisa o que ele chama de *la représentation de soi et d'autrui*, a representação de si e do outro, alimentada pela igualdade, como condição da democracia. As relações humanas são simultaneamente de competição e de cooperação e a igualdade democrática não é um dado, uma condição estática, mas uma norma coletiva que rege a dinâmica da sociedade. Mais do que uma forma de exercício do poder, a democracia para Tocqueville é uma realidade psicológica e sociológica. Ele reconhece que as sociedades não democráticas podem ser ricas e refinadas, poderosas pela força de suas massas populares homogêneas, mas que o autoritarismo retira das pessoas toda paixão comum, toda necessidade compartilhada, e as empareda na vida privada. O despotismo pode até mesmo favorecer o objetivo primordial da democracia — a igualdade —, mas as sociedades autoritárias, por mais igualitárias que sejam, não terão o espírito democrático, não produzirão grandes figuras humanas, nem um grande povo.

O contraponto da democracia comunitária (ou democracia da proximidade, na expressão de Tocqueville) em relação à democracia representativa (ou poder delegado pelo voto aos ocupantes do Estado) foi retomado na segunda década do século XX por Walter Lippmann e John Dewey. Em *A opinião pública*, Lippmann faz uma dura e perturbadora crítica à viabilidade da democracia no mundo contemporâneo. Seus argumentos em favor do governo de especialistas são a mais inteligente e bem embasada defesa do Estado tecnocrático. Dewey, ao contrário, considera os argumentos em favor do espírito comunitário essenciais para a verdadeira democracia. Os argumentos de lado a lado, como os próprios teóricos reconheceram, são convincentes. A questão está longe de encerrada — ao contrário, é da mais alta atualidade neste início de século XXI. A controvérsia prossegue com os institucionalistas, que, desde a crítica de Thorstein Veblen ao capitalismo consumista até o liberalismo conservador de James Buchanan, sustentam que o desenho institucional é condição para o bom funcionamento da sociedade democrática. O que poderia ser entendido como uma verdade tautológica é, na realidade, a defesa da democracia delegada à tecnocracia. A versão progressista iliberal, em nome do progresso e da igualdade, flerta com o autoritarismo despótico. A versão conservadora liberal, em nome de um capitalismo competitivo idealizado, propõe limitar o poder do Estado e dos governos eleitos. Para isso conta com o supostamente científico apoio da teoria econômica neoclássica.

Como disse Tocqueville, *"On attribue trop d'importance aux lois, trop peu aux mœurs"*, atribuímos importância demais às leis e de menos aos costumes. Neste início de século XXI, deve-se acrescentar: e importância demais à pretensa neutralidade científica da teoria econômica.

AGRADECIMENTOS

Agradeço os comentários de Rogério Studart, Leonardo Burlamaqui, Simone de Deos, Candido Bracher, Eduardo Giannetti, Antônio Carlos Barbosa de Oliveira, André Nassif, José Pio Borges, Luiz Orenstein e Fernando Moreira Salles, sem evidentemente comprometê-los com as teses expostas neste ensaio.

NOTAS

1. André Lara Resende, "A moeda, as ideias e a política", em *Consenso e contrassenso: Por uma economia não dogmática*. São Paulo: Portfolio-Penguin, 2020.
2. Joseph A. Schumpeter, *History of Economic Analysis*. Oxford: Taylor & Francis, 1954.
3. Thomas Piketty, *O capital no século XXI*. Rio de Janeiro: Intrínseca, 2014.
4. Esta é a tese até hoje mais aceita, mas bem fundamentadamente questionada por David Graeber e David Wengrow.
5. Lara Resende, op. cit.
6. André Lara Resende, "Dominância fiscal e neofisherianismo", em *Juros, moeda e ortodoxia: Teorias monetárias e controvérsias políticas*. São Paulo: Portfolio-Penguin, 2017.
7. Carmen M. Reinhart e Kenneth S. Rogoff, *This Time Is Different: Eight Centuries of Financial Folly*. Princeton: Princeton University Press, 2009.
8. John R. Hicks, "IS-LM: An Explanation". *Journal of Post Keynesian Economics*, v. 3, n. 2, 1980-1.

9   Jason Furman e Larry Summers, "A Reconsideration of Fiscal Policy in an Era of Low Interest Rates". Peterson Institute for International Economics, dez. 2020.
10 James K. Galbraith em comentário a Furman e Summers, op. cit.
11 Hyman P. Minsky, *Stabilizing an Unstable Economy*. Nova York: McGraw-Hill, 2008.
12 Furman e Summers, op. cit; Lara Resende, "Mudança de paradigma", *Valor Econômico*, Eu&, 11 dez. 2020; Barry Eichengreen et al., *In Defense of Public Debt*. Nova York: Oxford University Press, 2021; Olivier Blanchard, "Fiscal Policy Under Low Interest Rates", *Draft MIT Press*, dez. 2021.
13 John H. Cochrane, "Michelson-Morley, Occam and Fisher: The Radical Implications of Stable Inflation at Near-Zero Interest Rates". Stanford: Hoover Institute, dez. 2016.
14 Lara Resende, "Consenso e contrassenso: Déficit, dívida e previdência", em *Consenso e contrassenso*, op. cit.
15 Ibid.
16 Lara Resende, "Dominância fiscal e neofisherianismo", *Juros, moeda e ortodoxia*, op. cit.
17 Joseph A. Schumpeter, *Capitalism, Socialism and Democracy*. Nova York: Harper & Brothers, 1942.
18 Alexis de Tocqueville, *De la démocratie en Amérique*. Paris: Charles Gosselin, 1835.

TIPOLOGIA Miller e Akzidenz
DIAGRAMAÇÃO Osmane Garcia Filho
PAPEL Pólen Bold, Suzano S.A.
IMPRESSÃO Gráfica Bartira, maio de 2022

A marca FSC® é a garantia de que a madeira utilizada na fabricação do papel deste livro provém de florestas que foram gerenciadas de maneira ambientalmente correta, socialmente justa e economicamente viável, além de outras fontes de origem controlada.